Einleitung

Der Nationalsozialismus ist ein Thema, das in der deutschen Gesellschaft auch gegenwärtig noch sehr präsent ist. Das liegt vor allem auch an der Bedeutung, die diese Phase der Geschichte in der Erinnerungs- und Geschichtskultur Deutschlands einnimmt. Genau wie in der Geschichts- und Erinnerungskultur ist der Nationalsozialismus auch weiterhin ein zentrales Thema im Geschichtsunterricht.

Dieser Band soll einen strukturierten Zugang zum Thema Nationalsozialismus ermöglichen, indem die Schülerinnen und Schüler ein fachwissenschaftlich fundiertes, reflektiertes Verständnis dieser Thematik entwickeln, das ihnen Orientierung in der Gegenwart ermöglicht. Gegenstand dieses Bandes sind die Jahre zwischen 1933 und 1939, also die Phase der Etablierung und Konsolidierung der NS-Herrschaft. NS-Außenpolitik, NS-Judenpolitik sowie Widerstand im Nationalsozialismus bleiben bewusst ausgespart. Hierzu sind eigene Publikationen nötig.

Fachwissenschaftliche Aspekte

Der Nationalsozialismus gehört zu den am besten erforschten Abschnitten der Zeitgeschichte. Während zu Beginn – in den 1960er bis 1970er Jahren – die Auseinandersetzung mit dem NS-Herrschaftssystem im Vordergrund stand, fiel mit der Entwicklung der Täterforschung seit Ende der 1980er bzw. zu Beginn der 1990er Jahre der Fokus verstärkt auf die Verbrechen, insbesondere die NS-Judenpolitik und den Holocaust. In den letzten Jahren rückte mit der Analyse der sozialen Bindungskräfte unter dem Stichwort „Volksgemeinschaft" nach Frank Bajohr dann „die NS-Gesellschaft in das Zentrum der Analysen zur NS- Herrschaft" (Bajohr 2017, S. 36). Die entsprechenden Forschungsergebnisse zeigen, dass die Bereitschaft zur Anerkennung und Integration von Seiten der Bevölkerung dazu führte, dass auf der Ebene der Meinungen und Einstellungen ein Konsens zwischen Regime und Volk erreicht wurde, der wesentliche Aspekte der NS-Ideologie und Politik abdeckte. Womit sich das Funktionieren des Nationalsozialismus letztlich über die Bereitschaft der Menschen erklärt, nationalistische Vorstellungen auch in die Praxis umzusetzen, sich also im Sinne der Volksgemeinschaft zu engagieren oder sogar aufzuopfern. Diese jüngste Fokussierung auf das Mitmachen und die Akzeptanz hat ihre Berechtigung, ist aber auch teilweise problematisch, weil darüber Aspekte des Zwangs und Terrors und deren disziplinierende Wirkung aus dem Blick geraten (vgl. beispielsweise Evans 2006). Zudem darf der Blick auf die Formen des Mitmachens und der Zustimmung nicht darüber hinwegtäuschen, dass die Haltung der Bevölkerung zum Nationalsozialismus Wandlungen unterworfen war. Dass Ambivalenzen und Kritik vorhanden waren. Und dass die Zustimmung zum Regime in unterschiedlichen Politikfeldern sehr verschieden ausfallen konnte (vgl. Kershaw 2011, S. 11-15). Dieser Band will durch die Auswahl der Quellen solche Ambivalenzen berücksichtigen und abbilden. Zugleich sollen sowohl die Aspekte des Mitmachens als auch die des Zwangs im Nationalsozialismus in den Blick genommen werden.

Didaktische Überlegungen

Sowohl in den Lehrplänen der Sekundarstufe I als auch der Sekundarstufe II sind für das Thema verhältnismäßig viele Stunden vorgesehen. Dies spiegelt sich in der Repräsentation im Schulbuch wider, wo dem Thema relativ viel Raum gegeben wird. Die klassische Einteilung der Kapitel zum Thema Nationalsozialismus in aktuellen Schulbüchern beginnt mit der Formierung der NS-Herrschaft 1933/34 und umfasst in der Regel Kapitel zu folgenden Themenkomplexen: Ideologie, Volksgemeinschaft, Führerkult, Propaganda, Kindheit und Jugend, Wirtschafts- und Außenpolitik.

Dieser Band ist als strukturierter Zugriff auf die Jahre von 1933 bis 1939 konzipiert, der sich im Grunde an der gängigen thematischen Einteilung orientiert: Formierung der NS-Diktatur 1933, NS-Staat als totaler Staat, Terror als Herrschaftsmittel, Propaganda, Volksgemeinschaft, Alltag im NS, Wirtschaft, Justiz, Kunst und Kultur. Im Fokus stehen der Nationalsozialismus als Herrschaftssystem und verschiedene Dimensionen des Alltags im Nationalsozialismus. Im ersten Teil wird der Aufbau und die Etablierung des NS-Staates 1933/34 in den Blick genommen. Im zweiten Teil wird dann die Sicherung und Praxis der NS-Herrschaft zwischen 1934 und 1939 thematisiert. Der Band ist so konzipiert, dass die Materialien sowohl in Gänze als Unterrichtseinheit eingesetzt werden können, als auch selektiv ergänzend zum Unterricht mit dem Schulbuch. So lassen sich die Materialien zu den einzelnen Themenbereichen in der Regel in ein bis zwei Stunden im Sinne einer Vertiefung verwenden. Im Kern geht es darum, den Schülerinnen und Schülern ein komplexes Bild des NS-Herrschaftssystems und seiner unterschiedlichen Dimensionen bis in den Alltag hinein zu präsentieren.

Didaktisch wird hier der Weg über Schlüsselquellen gewählt, die geeignet sind, die Erschließungskompetenz für Quellen sowie die Urteilsbildung der Lernenden zu fördern. Insgesamt werden unterschiedliche Quellenarten verwendet, um möglichst viele Quellengattungen in den Unterricht einzubringen. Ein zentrales Anliegen besteht darin, durch die Verwendung von unterschiedlichen Fallbeispielen immer wieder Anschauung zu ermöglichen und so die Chance zu bieten, NS-Herrschaftsstrukturen, die auch in Schulbüchern vielfach nur sehr abstrakt und allgemein thematisiert werden, an konkreten Beispielen deutlich werden zu lassen. Diese Fallbeispiele sollen dann auch die Möglichkeit bieten, die Urteilskompetenz zu fördern, weil sie ausgehend von Alltagssituationen im Nationalsozialismus das Urteil der Lernenden herausfordern. Außerdem wurde versucht, auch immer wieder multiperspektivische Ansätze zu verfolgen, was bei dieser Thematik aufgrund der Quellenlage und der Struktur der NS-Herrschaft schwieriger ist als bei anderen Themen.

M1 Elfriede Gruber-Gilmer über die „Machtergreifung"

Interview mit Elfriede Gruber-Gilmer vom 21. Oktober 1994. Die Tochter des Darmstädter Staatsanwalts Julius Gilmer (1880-1959) erzählt, wie sie als Zehnjährige 1933 den Beginn der NS-Herrschaft erlebt hat:

Er war in der [Deutschen] Demokratischen Partei und auch in der Deutschen Friedensgesellschaft. Kurz und gut, es kam 1933, es kam Hitler dran. Zuerst haben sie die Fensterscheiben bei uns eingeschmissen in der Hobrechtstraße. Da schlief meine Schwester, der Stein hat sie knapp verfehlt, er lag dann auf dem Fußende. Ab da wurden die Läden runtergelassen. Und im März 1933 hats nachts geklingelt. Da standen die SA-Leute vor der Tür, nachts um drei Uhr. Meine Schwester hat aufgemacht und die SA-Leute gesehen. Der Vater sollte mitkommen! Und da hat er seinen Mantel angezogen und seinen Schlapphut aufgesetzt, um sich zu schützen, weil er Brillenträger war. Den Hut aufgesetzt und den Kragen hochgeschlagen. Sie haben ihn zusammengeschlagen mit dem Gummiknüppel, an der Friedhofsmauer. Da hatten sie ihn hingeschleppt. Und ich weiß noch, daß er drei Tage im Bett gelegen hat.

Frage: Hatte das irgendeinen Grund, hatte er vorher politische Prozesse?

Nein, er war Demokrat. Bei der Friedensgesellschaft war er halt auch engagiert. Was da im einzelnen gelaufen ist, hab ich keine Ahnung. Ich glaube da war nichts. Er war einer von denen, die man halt verprügelt hat. Es sind ja andere auch noch verprügelt worden. Es wurden alle politisch Unzuverlässigen entlassen. Dazu gehörte mein Vater auch.

Aus: Lange, Thomas: Eine Generation wächst in die Diktatur. Jugend in Darmstadt in den zwanziger und dreißiger Jahren. Dokumente 1928-1944. Hrsg. v. Hessischen Staatsarchiv Darmstadt (Geschichte im Archiv. Darmstädter Archivdokumente für den Unterricht, Mappe 4). Darmstadt 1997

M2 Flugblatt der NSDAP zur Reichstagswahl am 5. März 1933

M3 Reichstagsrede des SPD-Parteivorsitzenden Otto Wels, 23. März 1933

Freiheit und Leben kann man uns nehmen, die Ehre nicht! Nach den Verfolgungen, die die Sozialdemokratische Partei in der letzten Zeit erfahren hat, wird niemand billigerweise von ihr verlangen und erwarten können, dass sie für das hier eingebrachte Ermächtigungsgesetz stimmt. Die Wahlen vom 5. März haben den Regierungsparteien die Mehrheit gebracht. Damit ist die Möglichkeit gegeben, streng nach Wortlaut und Sinn der Verfassung zu regieren. Wo diese Möglichkeit besteht, besteht auch die Pflicht. Kritik ist heilsam und notwendig. Niemals, seit es einen deutschen Reichstag gibt, ist die Kontrolle der öffentlichen Angelegenheiten durch die gewählten Vertreter des Volkes in solchem Maße ausgeschaltet worden, wie das jetzt geschieht und wie das durch das neue Ermächtigungsgesetz noch mehr geschehen soll. Eine solche Allmacht der Regierung muss sich umso schwerer auswirken, als auch die Presse jeder Bewegungsfreiheit entbehrt. [...]

Die Verfassung von Weimar ist keine sozialistische Verfassung. Aber wir stehen zu den Grundsätzen des Rechtsstaates, der Gleichberechtigung, des sozialen Rechtes, die in ihr festgelegt sind. Wir deutschen Sozialdemokraten bekennen uns in dieser geschichtlichen Stunde feierlich zu den Grundsätzen der Menschlichkeit und der Gerechtigkeit, der Freiheit und des Sozialismus.

Aus: Michalka, Wolfgang: Das Dritte Reich, Dokumente zur Innen- und Außenpolitik. Band 1: „Volksgemeinschaft" und Großmachtpolitik 1933-1939. München 1985, S. 33-35

M4 Reichstagsrede Adolf Hitlers zum Ermächtigungsgesestz, 23. März 1933

Es ist kaum eine Revolution von so großem Ausmaß so diszipliniert und unblutig verlaufen wie diese Erhebung des deutschen Volkes in diesen Wochen. Es ist mein Wille und meine feste Absicht, für diese ruhige Entwicklung in Zukunft zu sorgen. Allein umso nötiger ist es, dass der nationalen Regierung jene souveräne Stellung gegeben wird, die in einer solchen Zeit allein geeignet ist, eine andere Entwicklung zu verhindern. Die Regierung beabsichtigt dabei, von diesem Gesetz nur insoweit Gebrauch zu machen, als es zur Durchführung der lebensnotwendigen Maßnahmen erforderlich ist. Weder die Existenz des Reichstags noch des Reichsrats soll dadurch bedroht sein. Die Stellung und die Rechte des Herrn Reichspräsidenten bleiben unberührt [...].

Der Bestand der Länder wird nicht beseitigt, die Rechte der Kirchen werden nicht geschmälert, ihre Stellung zum Staate nicht geändert.

Aus: Conze, Werner: Der Nationalsozialismus. Teil I. 1919-1934. Stuttgart 1976, S. 64

M5 Abstimmungsergebnis über das Ermächtigungsgesetz, 23. März 1933

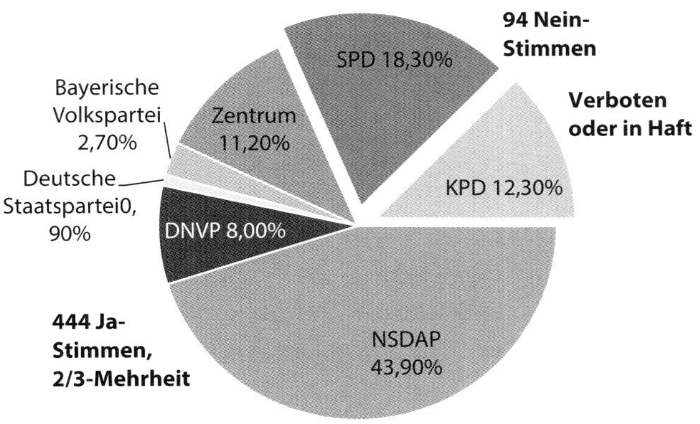

1. Erstelle eine Liste von Personengruppen, die ab 1933 zu den „politisch Unzuverlässigen" (M1) zählten.
2. Erkläre mithilfe des Interviews M1 und des Plakats M2, welche Auswirkungen die Reichstagsbrandverordnung und das „Ermächtigungsgesetz" auf das politische und gesellschaftliche Leben in Deutschland haben konnten.
3. Kläre Inhalt und Intention des „Ermächtigungsgesetzes" anhand des Schulbuchs.
4. Arbeite die Kernaussagen und Intentionen aus den Reden von Wels und Hitler (M3, M4) heraus und vergleiche diese.
5. Bewerte die Rede von Otto Wels unter Berücksichtigung von M1.
6. Beurteile die Aussagen Hitlers hinsichtlich ihrer Glaubwürdigkeit.

M1 Der deutsche Führerstaat

Die Staatsrechtler Otto Koellreutter (1883-1972) und Ernst Forsthoff (1902-1974) erklärten die nationalsozialistische Vorstellung vom deutschen Staat unmittelbar nach der Etablierung der NS-Diktatur in den Jahren 1933/34:

Die Idee der Gemeinschaft, die Idee des „Wir" als Ganzheit eines Volkes bildet die politische Kraft des Führerstaates. Die seelische Verbindung des Volkes mit dem Staate bildet das Wesen der Staatsautorität, die auf der Vorstellung der Einheit von Volk und Staat beruht. Nur der völkische Staat hat diese natürliche Gemeinschaftsbasis, nur in ihm gibt es deshalb echte Staatsautorität. Der Liberalismus, dem diese Ganzheits- und Einheitsvorstellung von Volk und Staat fehlte, hatte deshalb auch kein Verständnis für das Wesen der Autorität, der liberale Staat ist der Idee nach immer ein „autoritätsloser Freiheitsstaat". Wenn Hitler als Grundsatz des Aufbaus des deutschen Führerstaates bezeichnet hat „Autorität jedes Führers nach unten und Verantwortlichkeit nach oben", so hat er damit das Wesen der echten Führerschaft umschrieben. Denn wesentlich ist für den Führerstaat die Anerkennung des Grundsatzes der offenen Verantwortlichkeit der Führer. Nur sie kann einheits- und gemeinschaftsbildend wirken, nur durch sie wird die bewusste politische Verbundenheit von Volk und Staat erreicht, die zum Wesen des echten autoritären Staates gehört. Der Führerstaat trägt immer antifreiheitliche Züge; und er kann auch niemals geprägt und gestaltet werden durch den Typus des freien Menschen, sondern nur durch den Typus von Männern, die sich ihrer inneren Verbundenheit mit Volk und Staat stets bewusst sind. [...]

Der deutsche Führerstaat muss deshalb die nationalsozialistische Staatsidee als einheitliche Haltung dem ganzen Volke aufprägen. Darin besteht die eigentliche Aufgabe der „Partei" als Bewegung, die ja als solche mit den alten Parteien nichts mehr zu tun hat. [...] Die Partei im nationalsozialistischen Staate hat eine einheitsbildende Aufgabe. Sie ist die politische Bewegung, der unter dem Führer die Verantwortung für den Aufbau, Bestand und die Sicherung der politischen Gestaltung des deutschen Volkes obliegt. [...] Sie hat den Anspruch darauf, als politische Elite zu gelten, weil ihre Träger schon im liberalen Staate die neue politische Weltanschauung des Führers in ihrer Größer erkannt, mit ihm erkämpft und sie dem Volke aufgeprägt haben. In der Bewegung entstand so zuerst der neue Typus des „politischen" Menschen, der vor allem in der jungen Generation den deutschen Führerstaat tragen muß. [...]

Der totale Staat im Sinne des Nationalsozialismus muss ein Staat der totalen Verantwortung sein. Er stellt die totale Inpflichtnahme jedes einzelnen für die Nation dar. Diese Inpflichtnahme hebt den privaten Charakter der Einzelexistenz auf. In allem und jedem, in seinem öffentlichen Handeln und Auftreten ebenso wie innerhalb der Familie und häuslichen Gemeinschaft verantwortet jeder einzelne das Schicksal der Nation. Nicht dass der Staat bis in die kleinsten Zellen des Volkslebens hinein Gesetze und Befehle ergehen lässt, ist wesentlich, sondern, dass er auch hier eine Verantwortung geltend machen kann, dass er den einzelnen zur Rechenschaft ziehen kann, der sein persönliches Geschick nicht dem der Nation völlig unterordnet. Dieser Anspruch des Staates, der ein totaler ist und an jeden Volksgenossen gestellt ist, macht das neue Wesen des Staates aus. [...]

Aus: Hofer, Walther (Hrsg.): Der Nationalsozialismus. Dokumente 1933-1945. Frankfurt 1957, S. 82-84

1. Erläutere, was die Nationalsozialisten Koellreutter und Forsthoff unter einem totalen Staat verstanden.
2. Überlege, was ein solcher Staat in der praktischen Umsetzung für die Menschen bedeuten musste.
3. Recherchiere die Biographien von Koellreutter und Forsthoff für die Zeit vor und nach 1945

M2 Die Bedeutung des Blockwarts

Der Historiker Dietmar Süß beschreibt die Bedeutung des Blockwarts für das NS-Herrschaftssystem:

Die stark hierarchische Struktur der NSDAP definierte Gau-, Kreis- und Ortsgruppenleitungen, die in groben Zügen der Länder- und Gemeindestruktur des Deutschen Reiches angepasst und jeweils vor Ort angesiedelt waren. Auf der untersten Ebene agierte der Blockwart, der etwa vierzig bis sechzig Haushalte beaufsichtigte und dessen Aufgabe vor 1933 zunächst darin bestanden hatte, Mitgliedsanträge einzusammeln, Parteizeitungen zu verteilen, Plakate zu kleben oder die Eintrittskarten für Parteiveranstaltungen zu verteilen. Mit den steigenden Mitgliederzahlen veränderten sich Aufgabenprofil und Erwartungen: Die Blockwarte sollten immer mehr die Hand am Puls der Volksgenossen haben, hören, was bei den Menschen vor sich ging, die Position der Partei übersetzen, gleichzeitig die „Verbreiter schädigender Gerüchte" enttarnen und notfalls die Polizei alarmieren. Dafür sollten nur die „besten" Parteigenossen ausgewählt werden, die sich zunehmend zu einem wichtigen Element nationalsozialistischer „Menschenführung" entwickelten. Blockwart sollten „Führer und Berater" sein und die Volksgenossen anleiten; sie trugen die Uniform der Partei und hatten die Pflicht zu einem vorbildlichen Lebenswandel. Auch wenn Anspruch und Wirklichkeit nicht selten weit auseinanderklafften und sich die vermeintlichen „Aushängeschilder der Partei" oftmals, wie innerhalb der NS-Bürokratie kritisch registriert wurde, als Diktatoren im Westentaschenformat aufspielten, so war ihre Bedeutung für die Nazifizierung der deutschen Gesellschaft kaum unterschätzen. Rund 200 000 Blockwarte zählte die parteieigene Statistik im Jahr 1935, und es war dieses Gros der ehrenamtlichen Funktionsträger des Regimes, das der NSDAP in den Dörfern und Gemeinden des Deutschen Reiches ihr Gesicht verlieh.

Ihre Aufgabe war die, wie es in der Sprache der Nationalsozialisten hieß, Betreuung der Bevölkerung. Betreuung hieß vor allem Überwachung und Erziehung. Beide Elemente gehörten unmittelbar zusammen. Denn sie waren wesentliche Säulen der nationalsozialistischen Vision einer Volksgemeinschaft, die herzustellen oberste Priorität der NSDAP-Basisgruppen war. Dafür benötigte es Gewalt und Zwang gegenüber den „Gemeinschaftsfremden", dazu gehörte aber auch der Versuch, sich als bürgernahe Anlaufstelle für die Sorgen und Nöte der Volksgenossen zu inszenieren. Dazu richteten die Ortsgruppen eigene Bürgersprechstunden ein […].

Süß, Dietmar: „Ein Volk, ein Reich, ein Führer". Die deutsche Gesellschaft im Dritten Reich. Verlag C.H. Beck. München 2017, S. 46-47

M3 Die Organisationsstruktur der NSDAP, um 1934

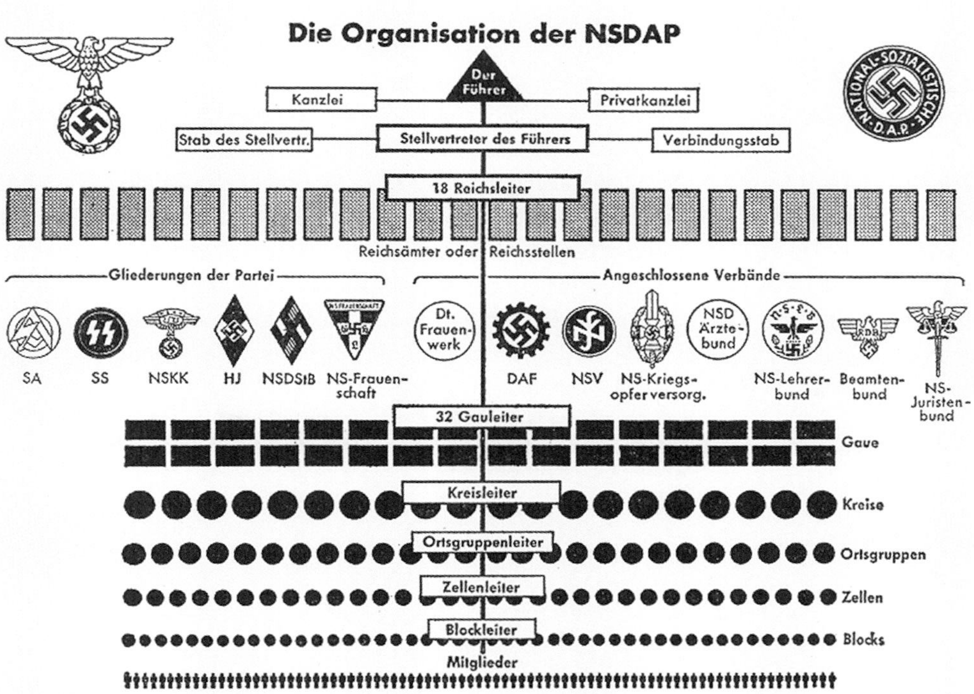

1. Nenne die Aufgaben des Blockwartes (M2) und erkläre seine Funktion im Kontext der Errichtung eines totalen Staates.
2. Diskutiert in der Klasse, inwiefern die Organisationsstruktur der NSDAP (M3) auf die Umsetzung des totalen Staates ausgerichtet war.

M1 Terror als Herrschaftsinstrument

Der Historiker Ludolf Herbst schreibt über die Terrormaßnahmen im Kontext der Etablierung der NS-Herrschaft:

Hitler kombinierte mit der neu gewonnenen staatlichen Macht den Druck von der Straße, den SA- und SS-Verbände in einer schwer entwirrbaren Mischung von gelenkter und spontaner Aktion ausübten. Skrupellos wurde der Terror als politische Waffe genutzt. lähmte die Gegner und verlieh den nationalsozialistischen Maßnahmen eine unerhörte Durchschlagskraft.

Herbst, Ludolf: Das nationalsozialistische Deutschland 1933-1944. Frankfurt/M. 1996, S. 62.

1. Erklärt in eigenen Worten, worin der Historiker Ludolf Herbst (M1) die Bedeutung der SS- und SA-Verbände sowie deren Terror im Jahr 1933 sieht.

M2 Hermann Göring über Terrormaßnahmen

Der Reichminister und preußische Innenminister Hermann Göring rechtfertigt am 11. März 1933 in einer Rede in Essen, einen Tag vor den preußischen Kommunalwahlen, den nationalsozialistischen Terror und die Gewaltmaßnahmen:

Ich habe erst angefangen zu säubern, es ist noch längst nicht fertig. Für uns gibt es zwei Teile des Volkes: einen, der sich zum Volk bekennt, ein anderer Teil, der zersetzen und zerstören will. Ich danke meinem Schöpfer, daß ich nicht weiß, was objektiv ist. Ich bin subjektiv. Ich stehe einzig und allein zu meinem Volke, alles andere lehne ich ab. Wenn sie sagen, die Bevölkerung ist in furchtbarer Erregung, weil jüdische Warenhäuser vorübergehend geschlossen waren, so frage ich: Ist es nicht natürlich, wenn wir Deutsche endlich erklären: Kauft nicht bei Juden, sondern beim deutschen Volk. Ich werde die Polizei rücksichtslos einsetzen, wo man das deutsche Volk zu schädigen weiß. Aber ich lehne es ab, daß die Polizei eine Schutztruppe jüdischer Warenhäuser ist. Es muß endlich einmal der Unfug aufhören, daß jeder Gauner nach der Polizei schreit.

Die Polizei ist nicht dazu da, die Gauner, Strolche, Wucherer und Verräter zu schützen. Wenn sie sagen, da und dort sei einer abgeholt und mißhandelt worden, so kann man nur erwidern: Wo gehobelt wird, fallen Späne. Wir haben jahrelang die Abrechnung mit den Verrätern angekündigt. Ruft nicht soviel nach Gerechtigkeit, es könnte sonst eine Gerechtigkeit geben, die in den Sternen steht und nicht in euren Paragraphen! Und wenn diese Gerechtigkeit leuchtet, ist euer Ende gekommen. Man klagt über die Unterdrückung von Zeitungen. Wundert euch das? Mich wundert, daß sie noch existieren. Ich würde pflichtwidrig handeln, wenn ich länger dieses Gift ins Volk hineinträufeln ließe. Wenn wir auch vieles falsch machen, wir werden jedenfalls handeln und die Nerven behalten. Lieber schieße ich ein paarmal zu kurz oder zu weit, aber ich schieße wenigstens. Obwohl der Feind auf der ganzen Linie kneift, hat er seine alte Anmaßung und Frechheit behalten. Wenn die Wahlen eine Bedeutung hatten, dann war es die, daß es gelang, das Zentrum aus der Schlüsselstellung hinauszujagen. Wenn sie jetzt glauben, ihre Niederlage mit Anmaßung verbrämen zu können, dann haben sie sich getäuscht. Wenn auch der Marxismus der Todfeind des deutschen Volkes war und die Sozialdemokratie Deutschland verraten hat, so dürfen wir nicht vergessen: Überall dort, wo diese roten Gauner deutsches Gut gestohlen haben, hat der Schwarze Schmiere gestanden. Der Hehler ist nicht viel besser als der Stehler. Wenn wir vom vergangenen System reden, dann meinen wir das System der drei Internationalen: der schwarzen Internationale, der roten Internationale und der gelben Internationale des jüdischen Finanzkapitals. Wir haben sie aus den politischen Stellungen hinausgejagt, jetzt gilt es, die letzten Bastionen zu erstürmen.

Aus: Michalka, Wolfgang (Hg.): Das Dritte Reich. Dokumente zur Innen- und Außenpolitik. Band 1: „Volksgemeinschaft" und Großmachtpolitik 1933-1939. München 1985, S. 29-30

1. Arbeite die Kernaussagen aus der Rede Hermann Görings heraus und erläutere, was er mit der Rede bei seinen Zuhörern erreichen wollte.
2. Ordne die Quelle in den historischen Kontext ein.
3. Bewerte Görings Ausführungen zu den Aufgaben der Polizei.

M3 Zeitungsartikel zum KZ Dachau

Aus der Meldung des „Völkischen Beobachters" über die Einrichtung des Konzentrationslagers Dachau vom 21. März 1933:

Am Mittwoch wird in der Nähe von Dachau das erste Konzentrationslager mit einem Fassungsvermögen für 5000 Menschen errichtet werden. Hier werden die gesamten kommunistischen und, soweit dies notwendig ist, Reichsbanner- und sozialdemokratischen Funktionäre, die die Sicherheit des Staates gefährden, zusammengezogen, da es auf die Dauer nicht möglich ist und den Staatsapparat zu sehr belastet, diese in den Gerichtsgefängnissen unterzubringen. Es hat sich gezeigt, daß es nicht angängig ist, diese Leute in die Freiheit zu lassen, da sie weiter hetzen und Unruhe stiften. Im Interesse der Sicherheit des Staates müssen wir diese Maßnahme treffen ohne Rücksicht auf kleinliche Bedenken. Polizei und Innenministerium sind überzeugt, daß sie damit zur Beruhigung der gesamten nationalen Bevölkerung und in ihrem Sinne handeln.

Aus: Michalka, Wolfgang (Hg.): Das Dritte Reich. Dokumente zur Innen- und Außenpolitik. Band 1: „Volksgemeinschaft" und Großmachtpolitik 1933-1939. München 1985, S. 32

M4 Fotografien des NS-Terrors

Öffentliche Demütigung des in „Schutzhaft" genommenen SPD-Kreistagsabgeordneten Wilhelm Weidemann (1892-1963) am 2. Mai 1933 in Hofgeismar:

Foto: unbekannt

Fotografien aus dem Konzentrationslager Dachau aus dem Jahr 1938:

Bundesarchiv, Bild 152-23-07A (CC-BY-SA 3.0); Bundesarchiv, Bild 152-21-05 (CC-BY-SA 3.0)

M5 Misshandlung und Folter

Rudolf Diels (1900-1957), der erste Chef der Gestapo, berichtet über die ersten Konzentrationslager und über Misshandlungen in einem SA-Lager im Frühjahr 1933 in Berlin:

Ich konnte nun mit den Polizeimannschaften die Marterhöhle betreten. Dort waren die Fußböden einiger leerer Zimmer, in denen sich die Folterknechte betätigten, mit einer Strohschütte bedeckt worden. Die Opfer, die wir vorfanden, waren dem Hungertod nahe. Sie waren tagelang stehend in enge Schränke gesperrt worden, um Ihnen „Geständnisse" zu erpressen. Die „Vernehmungen" hatten mit Prügeln begonnen und geendet; dabei hatte ein Dutzend Kerle in Abständen von Stunden mit Eisenstäben, Gummiknüppeln und Peitschen auf die Opfer eingedroschen. Eingeschlagene Zähne und gebrochene Knochen legten von den Torturen Zeugnis ab. Als wir eintraten, lagen diese lebenden Skelette reihenweise mit eiternden Wunden auf dem faulenden Stroh. Es gab keinen, dessen Körper nicht vom Kopf bis zu den Füßen die blauen, gelben und grünen Male der unmenschlichen Prügel an sich trug. Bei vielen waren die Augen zugeschwollen, und unter den Nasenlöchern klebten Krusten geronnenen Blutes. Es gab kein Stöhnen und Klagen mehr; nur starres Warten auf das Ende oder neue Prügel. Jeder einzelne mußte auf die bereitgestellten Einsatzwagen getragen werden; sie waren des Gehens nicht mehr fähig. Wie große Lehmklumpen, komische Puppen mit toten Augen und wackelnden Köpfen hingen sie wie aneinandergeklebt auf den Banken der Polizeiwagen. Die Schutzpolizisten hatte der Anblick dieser Hölle stumm gemacht.

Aus: Michalka, Wolfgang (Hg.): Das Dritte Reich. Dokumente zur Innen- und Außenpolitik. Band 1: „Volksgemeinschaft" und Großmachtpolitik 1933-1939. München 1985, S. 32-33

M6 Willkür in den Konzentrationslagern

Lina Haag, die 1933 mit ihrem Mann, einem KPD-Abgeordneten, verhaftet und viereinhalb Jahre lang interniert wird, erinnert sich an die Zeit im KZ Lichtenberg:

Am Ostersonntag peitscht er [der Lagerkommandant] eigenhändig drei Frauen aus. Die Genossin Steffi ist dabei. [...] Bald darauf stirbt sie. Sie hält das nicht aus. So feiert der Kommandant des Konzentrationslagers Lichterfelde Ostern. Mit drei nackten, auf den Holzpflock geschnallten Frauen, die er auspeitscht, bis er nicht mehr kann. Würde das draußen ein Mensch glauben? [Die] leiseste Drohung genügt und das Volk schweigt. Schweigt nicht nur, jubelt, marschiert, denunziert, steht geschlossen hinter dem Führer, wie es der Führer will. Die Drohung ist seine Staatskunst, seine Außenpolitik und seine Innenpolitik, Drohung und Angst, Grausamkeit und Feigheit sind die Fundamente seines Staates. [...] Hinter jeder Drohung steht das KZ, ein Abgrund von Verworfenheit, Verbrechen und tiefster Schuld. Die Bürger ahnen es. Das genügt. Mehr darüber zu wissen ist schädlich. Es soll nicht Empörung, sondern Angst erzeugt werden. Sie wird erzeugt.

Aus: Benz, Ute (Hg.): Frauen im Nationalsozialismus. Dokumente und Zeugnisse. München 1993, S. 99 f.

1. Analysiere die Fotografie aus Hofgeismar (M4) und untersuche, was dort passiert ist und wie sich die Menschenmenge hier verhält.
2. Beurteile, welche Funktion diese Form der öffentlichen Demütigung im NS-Herrschaftsalltag erfüllte.
3. Arbeite aus den Quellen M2-M6 heraus, welche Funktion die Konzentrationslager für die Nationalsozialisten während der Phase des Aufbaus der Diktatur hatten.
4. Stelle fest, welche Konzentrationslager in der Nähe deines Wohn- oder Schulortes existierten.
5. Beurteile am Beispiel des Berichtes über die SA-Lager (M5), ob sich die Brutalität der NS-Herrschaft in erster Linie oder fast ausschließlich auf Hitler als Führer zurückführen lässt oder ob die Massenbasis eine zentrale Rolle für die Durchsetzung der NS-Herrschaft spielte.
6. Analysiere die beiden Fotografien aus dem Konzentrationslager Dachau und überlege, zu welchem Zweck die Fotografie aufgenommen worden sein könnte (M4).
7. Überprüfe die Einschätzung von Ludolf Herbst (M1) anhand der Ergebnisse eurer Quellenanalysen (M2-M6).

M1 Adolf Hitler über Propaganda in „Mein Kampf", 1925

Jede Propaganda hat volkstümlich zu sein und ihr geistiges Niveau einzustellen nach der Aufnahmefähigkeit des Beschränktesten unter denen, an die sie sich zu richten gedenkt. Damit wird ihre rein geistige Höhe umso tiefer zu stellen sein, je größer die zu erfassende Masse der Menschen sein soll. Handelt es sich aber, wie bei der Propaganda für die Durchhaltung eines Krieges, darum, ein ganzes Volk in ihren Wirkungsbereich zu ziehen, so kann die Vorsicht bei der Vermeidung zu hoher geistiger Voraussetzungen gar nicht groß genug sein.

Je bescheidener dann ihr wissenschaftlicher Ballast ist, und je mehr sie ausschließlich auf das Fühlen der Masse Rücksicht nimmt, umso durchschlagender der Erfolg. Dieser aber ist der beste Beweis für die Richtigkeit oder Unrichtigkeit einer Propaganda und nicht die gelungene Befriedigung einiger Gelehrter oder ästhetischer Jünglinge.

Gerade darin liegt die Kunst der Propaganda, daß sie, die gefühlsmäßige Vorstellungswelt der großen Masse begreifend, in psychologisch richtiger Form den Weg zur Aufmerksamkeit und weiter zum Herzen der breiten Masse findet. Daß dies von unseren Neunmalklugen nicht begriffen wird, beweist nur deren Denkfaulheit oder Einbildung.

Versteht man aber die Notwendigkeit der Einstellung der Werbekunst der Propaganda auf die breite Masse, so ergibt sich weiter schon daraus folgende Lehre: Es ist falsch, der Propaganda die Vielseitigkeit etwa des wissenschaftlichen Unterrichts geben zu wollen.

Die Aufnahmefähigkeit der großen Masse ist nur sehr beschränkt, das Verständnis klein, dafür jedoch die Vergeßlichkeit groß. Aus diesen Tatsachen heraus hat sich jede wirkungsvolle Propaganda auf nur sehr wenige Punkte zu beschränken und diese schlagwortartig so lange zu verwerten, bis auch bestimmt der Letzte unter einem solchen Worte das Gewollte sich vorzustellen vermag.

Hitler, Adolf: Mein Kampf. München 1942, S. 197 f.

M2 Propagandaplakate im Nationalsozialismus

Plakat: „Adolf Hitlers Jugend geht in die Gemscheinschaftsschule", o. J.; Propagandabroschüre: „Nun, Volk, steh auf und Sturm brich los!", 1943

M3 Weihnachtskult im Nationalsozialismus

Kurt Eggers, ab 1936 Abteilungsleiter für Feiergestaltung des Rasse- und Siedlungshauptamtes der SS, schreibt über Weihnachten. Der Text wurde offiziell von der Reichspropagandaleitung im Zuge des Weihnachtskultes im Nationalsozialismus herausgegeben:

Wir wissen, daß es kein innigeres Fest, keine zum Nachdenken und zur Selbstbesinnung zwingendere Stunde für uns Menschen nordischen Blutes gibt, als jene Feier der Sehnsucht, die wir zur Zeit der Wintersonnenwende begehen: Weihnachten! [...]

Wir erlebten es, wenn wir außerhalb des Reiches unser innigstes Fest begingen, daß die Fremden unser Tun nicht begriffen und vielleicht mitleidig oder gar verächtlich lächelnd uns als „Romantiker" werteten. Es ist aber mehr als „Romantik", mehr als eine rührselige Kindheitserinnerung, was uns unser Weihnachtsfest wie kein anderes ehren und feiern läßt. Gewiß gibt es ein Erberinnern unserer Rasse, aus dem heraus die leidenschaftlichen Sehnsüchte unserer Vorfahren in uns wieder lebendig und gegenwärtig werden. Und keine Leidenschaft, keine Sehnsucht, keine Hoffnung war so tief und echt wie die bange Sorge um das Licht, das in der tiefen Nacht des Winters verloren zu sein schien.

Lichtsucher waren unsere Vorfahren, die in die Dunkelheit spähten, um die rettende Botschaft des Lichtes wahrzunehmen.

Völker, die die dunklen, fast hoffnungslosen winterlichen Nächte des Nordens nicht kennen, können auch keinen Begriff davon haben, wieviel Kraft unsere Vorfahren aus der befreienden Gewißheit schöpften, daß das Licht stärker, sieghafter ist als die Finsternis! So wurde von Urzeiten her das Weihnachtsfest die Feier jubelnden Trotzes gegen die kalte und tötende eisige Winternacht. Die Sonnenwende brachte den Sieg des Lichtes!

Diese Gewißheit vermittelten unseren Vorfahren keine astrologischen Könige aus „Morgenlande"! Diese Gewißheit gewannen sie vielmehr aus der Erkenntnis der ewigen, großen Naturgesetze des Alls. Aus diesem Erberinnern heraus zünden wir in der Weihnacht die Lichter an, aus diesem Erberinnern freuen wir uns über den Glanz der Kerzen, der die Dunkelheit verscheucht und sich in unserer sehnsüchtigen Seele, in unseren tatbereiten Herzen widerspiegelt. Als Soldaten haben wir uns nicht geschämt, einen Tannenbaum aus dem Walde zu holen, ihn zu schmücken und auf den einfachen Tisch vor uns zu stellen. Warum ist uns der Weihnachtsbaum soviel wert!

Fremde Völker verstehen es nicht, und sie werden es nie begreifen! Unser Erberinnern sagt uns, daß unsere Vorfahren, lebensgläubig und sehnsüchtig, unter Eis und Schnee das lebendige Grün suchten und fanden: da grünte unter der Schneedecke, behangen mit glitzernden Eiszapfen, der Nadelbaum, dessen sprossendes Leben der kalte Tod nicht zu bezwingen vermochte!

Und wie einst unsere Vorfahren das Zeichen des Lebens in trotziger Freude und in dankbarer Gewißheit grüßten, so holen wir heute den Baum als Symbol unbezwingbaren Lebens in unsere Stuben, schmücken ihn mit Lichtern und denken voller Ehrfurcht an die Größe des ringenden und trotzenden Lebens, das sich unter Gefahren und Nöten gegen jeden noch so drohenden und lastenden Zustand zu behaupten weiß.

Diese Gedanken machen noch heute unser Herz still und unseren Geist ernst! Unser Weihnachten! Es wurde das Fest des Sieges und der tiefen, verpflichtenden Bereitschaft zum Kampf. Kriegs-Weihnacht! Gerade jetzt erkennen wir die letzten Werte unserer Rasse, die im jubelnden und trotzigen Aufstand gegen die Dunkelheit, gegen den Zwang, gegen jeden unwürdigen Zustand sich zur befreienden Tat erheben!

Unser Weihnachtsfest begehen wir darum nicht in der rührseligen Stimmung, die in so manchem unserm Tatdenken fremden Weihnachtschoral enthalten ist, sondern in der harten und unbeugsamen Gewißheit, daß wir berufen sind, als die ewigen Feuerträger das Licht der Freiheit in die Welt zu tragen.

Die Nacht des Hasses, die Dunkelheit boshafter Willkür hat sich über die Erde gebreitet; wir aber haben das Feuer der Freiheit, der Wahrheit und der Gerechtigkeit entfacht. Diese Weihnachtsgewißheit verleiht uns die sieghafte Bereitschaft zu leidenschaftlicher, befreiender Tat.

Hauptkulturamt der NSDAP in der Reichspropagandaleitung. Deutsche Kriegsweihnacht. München 1944, S. 8f.

1. Arbeite aus der Quelle M1 das Propagandaverständnis von Adolf Hitler heraus.
2. Interpretiere die Plakate (M2) bezüglich Stilmittel und Aussage. Beurteile anschließend, inwiefern sie dem Propagandaverständnis von Hitler entsprechen.
3. Arbeite heraus, welche christlichen Symbole und Rituale durch NS-Symbole und Rituale ersetzt wurden (M3).
4. Zeige anhand der Quellen den Zusammenhang von NS-Ideologie und Propaganda auf.

M4 Historikerurteil zur NS-Propaganda

Der Historiker Bernd-Jürgen Wendt zu Wirkung und Erfolg der NS-Propaganda:

Dringend muss davor gewarnt werden, unkritisch aus den oft eindrucksvollen Produkten der nationalsozialistischen Propaganda, etwa durch die unkommentierte Vorführung von Wochenschauen oder Propagandafilmen, bereits auf ihre tatsächliche Wirkung zu schließen.

Resistenz oder Anfälligkeit gegenüber nationalsozialistischer Propaganda und Indoktrination waren wesentlich abhängig von der politischen Einstellung, dem sozialen und politischen Milieu, in dem man aufgewachsen war und lebte, von Erziehung und Schulbildung, Wohnort und persönlichem Umfeld. Goebbels war stets bemüht, in einer taktischen „Variationstoleranz" propagandistische Indoktrination differenziert nach den Adressaten und schichtenspezifisch einzusetzen, auch gewisse Rücksichten auf kulturelles Erbe und bürgerliche Traditionspflege zu nehmen, sterile Uniformität zu vermeiden und dort, wo er es für angebracht hielt, etwa bei der Darbietung eines deutschen (!) Jazz, in der Schlagerkultur oder bei Hollywoodfilmen selbst noch mit der emigrierten Marlene Dietrich die Zügel zu lockern. [...]

Die Propagierung der Idee des Nationalsozialismus, so verschwommen und eklektisch (zusammengesucht) sie auch sein mochte, stieß dort auf eine zusätzliche Resonanz, wo sie offenkundige Erfolge aufweisen konnte. Denn das Leben damals verhieß vielen, die vorher davon nicht einmal zu träumen gewagt hatten, um den Preis der politischen Anpassung einen höheren Grad an Mobilität, freiere Lebensformen etwa für junge Mädchen, die über BDM und Beruf dem Mief dörflicher Enge entwachsen konnten, materielle Vorteile wie einen Arbeitsplatz, die Chance individueller Bewährung, nichtakademische Karrieremuster, soziale Betreuung oder auch ein reiches Angebot für die Gestaltung der Freizeitmit KdF-Reisen („Kraft durch Freude"), Kulturveranstaltungen usf.

Wendt, Bernd-Jürgen: Deutschland 1933-1945. Das Dritte Reich. Hannover 1995. S. 142 ff.

M5 Analyse der Sopade des Verhaltens der Arbeiterschaft, Januar 1935

[...] Es zeigte sich, dass die Wirkungen der Wirtschaftskrise auf die innere Widerstandskraft der Arbeiterschaft verheerender waren, als man bis dahin glaubte. Immer wieder wird dieselbe Erfahrung gemacht: der mutigste illegale Kämpfer, der rücksichtsloseste Gegner des Regimes ist in der Regel der Erwerbslose, der nichts mehr zu verlieren hat. Kommt aber ein Arbeiter nach jahrelanger Arbeitslosigkeit in den Betrieb, so wird er – und seien Arbeitsbedingungen und Lohn noch so schlecht – auf einmal ängstlich. Jetzt hat er wieder etwas zu verlieren und sei es auch noch so wenig und die Furcht vor dem neuen Elend der Erwerbslosigkeit ist schlimmer als das Elend selbst. Die Nationalsozialisten haben die Betriebe nicht erobert. Das Ansehen der nationalsozialistischen Vertrauensleute ist dauernd zurückgegangen. Das der alten freigewerkschaftlichen Betriebsräte ist im selben Grade wieder gestiegen. Aber die Nationalsozialisten haben das Selbstvertrauen der Arbeiterschaft zerstört; die Kräfte der Solidarität verschüttet und ihren Willen zum Widerstand gelähmt. Das ist im wesentlichen der Stand am Ende des zweiten Jahres der Diktatur. Es zeigen sich vereinzelt Ansätze neuerwachenden Widerstandsgeistes, aber es ist noch nicht zu übersehen, ob aus den Ansätzen bald eine allgemeine Bewegung herauswachsen wird. [...]

Aus: Michalka, Wolfgang: Das Dritte Reich, Dokumente zur Innen- und Außenpolitik, Band 1: „Volksgemeinschaft und" und Großmachtpolitik 1933-1939. München 1985, S. 88

1. Beurteile mithilfe der Aussagen von Wendt den Erfolg der NS-Propaganda (M4).
2. Erläutere die Möglichkeiten, sich der NS-Propaganda zu entziehen.
3. Informiere dich über Kindheit und Jugend von Sophie Scholl und bringe deren Lebenslauf mit dem Text von Wendt in Verbindung.
4. Informiere dich im Internet über Aufbau und Aktivitäten der Sopade!
5. Erläutere, wie die Sopade den Erfolg des NS-Regimes erklärt (M5)! Vergleiche dies mit den Aussagen von Wendt!
6. Nimm Stellung zu folgender Aussage: „In der heutigen Zeit sind wir resistenter gegen Propaganda."

M1 Hitler über die Volksgemeinschaft

Adolf Hitler spricht in einer Rede beim Reichserntedankfest auf dem Bückeberg über die NS-Volksgemeinschaft:

Der Nationalsozialismus hat weder im Individualismus noch in der Menschheit den Ausgangspunkt seiner Betrachtungen, seiner Stellungnahme und seiner Entschlüsse. Er rückt bewußt in den Mittelpunkt seines ganzen Denkens das Volk. Dieses Volk ist für ihn eine blutsmäßig bedingte Erscheinung [...]. Das einzelne Individuum ist vergänglich, das Volk ist bleibend. [...] Es ist notwendig, daß der einzelne sich langsam zur Erkenntnis durchringt, daß sein eigenes Ich unbedeutend ist, gemessen am Sein des ganzen Volkes.

Aus: Biegel Gerd/Otte, Wulf (Hg.): Ein Volk dankt seinem (Ver)Führer. Die Reichserntedankfeste auf dem Bückeberg 1933-1937. Braunschweig 2002, S. 73

M2 Einmarsch der Standarten auf dem Reichserntedankfest, Bückeberg

Foto: unbekannt, zwischen 1933 und 1937

M3 Schüleraufsatz (8. Klasse) zur Volksgemeinschaft, 14. Februar 1936

Volksgemeinschaft dürfen wir nicht falsch verstehen; manche verstehen es nämlich so, sie sagen: „ich lege ein bisschen von meinem Gehalt beiseite, ich gebe da und dort nach, ich bin ja ein reicher Beamter". Nein, das ist keine Volksgemeinschaft, sondern Volksgemeinschaft heißt auf das Ganze Rücksicht nehmen, dem Ganzen zu helfen. Sich neben allen sonstigen Gaben in den Dienst des Volkes zu stellen.

Schon zu Zeiten der Germanen hat die Unkameradschaft, die Unvolksgemeinschaft Zwiespälte und Uneinigkeit in unser Volk gebracht. Das I. und das II. Reich mussten wegen der fehlenden Volksgemeinschaft untergehen. Das Jagen und Trachten damaliger Bürger nach Geld und Besitz machten die Arbeiter stutzig und voller Hass gegen alle wohlhabenden Stände. Die Volksgemeinschaft fehlte.

Der jüdische Geist wurde durch Marx und Lassalle in die Reihen der Arbeiterschaft getragen und brachte es fertig, die Arbeiter zu einer furchtbaren Revolution zu bringen, die grauenhaft endete. Auch schon wir Jugendliche können Volksgemeinschaft üben, indem wir Beiträge geben, indem wir sammeln, auch als Mitglied irgendeiner staatlichen Organisation können wir unsere Volksgemeinschaft in den Dienst des Volkes stellen u. a. m. K.d.F, unter der Leitung von Dr. Ley, hat dem Zweck und die Aufgabe, die Volksverbundenheit herzustellen.

Auch wir als Deutsche dürfen unser höchstes Ziel und Streben in der Pflichterfüllung als Volksgemeinschaft betrachten.

Aus: http://www.zeitzeugenforum.de

M4 Propaganda für Euthanasie, 1939

M5 Plakat Nr. 42 der Reichspropagandaleitung, 1933

M6 Antisemitisches Hetzplakat der Zeitschrift „Der Stürmer", 1937

1. Formuliere Hitlers Vorstellung von einer „Volksgemeinschaft" in eigenen Worten
2. Analysiere die Fotografie (M2) und erläutere inwiefern sich die Aussagen Hitlers darin widerspiegeln.
3. Vergleiche den Aufsatz des Schülers (M3) mit deinen eigenen Vorstellungen von Volk und Gemeinschaft. Bewerte anschließend den Aufsatz hinsichtlich seiner Beweggründe.
4. Analysiere die Plakate (M4-M6) und erläutere konkret das darin enthaltene Verständnis von „Volk" und „Gemeinschaft".
5. Überlege mithilfe der Aussagen auf den Plakaten, wer damals zur „Volksgemeinschaft" gehörte und wer nicht. Welche Bedeutung hatten diese Plakate für die Durchsetzung der „Volksgemeinschaft"?
6. Bewerte die „Volksgemeinschaft" als gesellschaftliches Modell. Berücksichtige dabei Werte und Prinzipien unserer gegenwärtigen Gesellschaft.

M1 Der „deutsche Gruß"

Der Historiker Dietmar Süß beschreibt die Bedeutung des „deutschen Grußes" im Alltag:

[H]inter diesem Wandel der Grußformeln stand eine grundsätzliche Frage, die alle Deutschen gleichermaßen betraf: Wie weit griffen die neuen Zeichen der nationalsozialistischen Herrschaft in den Alltag und den privaten Raum ein? Konnte man den Gruße verweigern, wollte man das überhaupt – und wie verhielt man sich gegenüber denjenigen, die sich dem „Heil Hitler" zu entziehen versuchten: gleichgültig, mit Respekt oder aber mit vorauseilendem Gehorsam gegenüber „schädlichem" Verhalten, mit dem sich der Einzelne aus der Volksgemeinschaftselbst ausschloss. Die Pflicht zum „deutschen Gruß", dem gestreckten Arm mit geöffneter Handfläche, griff tief in die Privatsphäre ein. [...] Mit dem „deutschen Gruß" veränderten sich in den Jahren seit 1933 schleichend traditionelle, bis dahin eingeschliffene zwischenmenschliche Beziehungsmuster und die mit ihnen verbundenen sozialen Normen, in deren Zentrum der Schwur auf den „Führer", auf Adolf Hitler stand. [...]

Der „deutsche Gruß" war, wie es im Völkischen Beobachter hieß, ein „Stück praktischer Nationalsozialismus, das jeder vollbringen konnte". Mit „Heil Hitler" zu grüßen sei Teil eines neuen „nationalsozialistischen Lebensstil[s]" – und damit eine Absage an die „bürgerliche Welt" von gestern. Gegenüber den „mitunter Unsicheren" galt er als offensives Bekenntnis und „Ausdruck einer Charakterhaltung"; eine tägliche Erinnerung an die Zögerlichen, die neue Volksgemeinschaft tatkräftig zu unterstützen. [...] Der „deutsche Gruß" solle, so die Hoffnung, „zum Bekenntnisgruß der Deutschen untereinander werden", den Einzelnen aus seinem Alltagstrott herauslösen und ich an die höheren Ziele des Nationalsozialismus und den Willen des Führers erinnern. [...]

Die Frage, wer grüßte und wer nicht, fand seit dem Frühjahr 1933 Eingang in die Berichte der Politischen Polizei und stellte ein wichtiges Kriterium dar, um aus Sicht des Regimes den aktuellen Grad der Zustimmung und oppositionellen Abweichung im „Deutschen Reich" zu vermessen.

Süß, Dietmar: „Ein Volk, ein Reich, ein Führer". Die deutsche Gesellschaft im Dritten Reich. Verlag C.H. Beck. München 2017, S. 51-56

M2 Hitler in einer Menschenmasse auf dem Obersalzberg, 1932

Foto: Heinrich Hoffmann

1. Erkläre die Bedeutung des „deutschen Grußes".
2. Erläutere, inwiefern der „deutsche Gruß" den Alltag verändern sollte.
3. Stelle weitere Kennzeichen zusammen, mit denen man die oppositionelle Abweichung in der NS-Diktatur vermessen wollte.
4. Interpretiere das Foto (M2) und erkläre, mit welchem Ziel solche Bilder in offiziellen Medien der Partei verbreitet wurden.

M3 Ermittlungsprotokolle als Beispiel der NS-Überwachung

In der Gendarmeriestation des bei Darmstadt gelegenen Arheilgen wurden im Oktober 1933 folgende Protokolle aufgenommen:

Arheilgen, 17. Oktober 1933
A. B., Landwirt, geb. 1877 zu Arheilgen, verheiratet, wohnhaft daselbst, erklärt:
In den ersten Tagen des Monats Oktober 1933 kam ich eines Tages zwischen 12 und 13 Uhr vom Felde die [...] Straße in der Richtung meiner Wohnung entlang, auf dem Heimweg begriffen. Dabei sah ich von Weitem auf der nördlichen Straßenseite, zwischen den Bäumen, südlich der Wirtschaft Schmidt, den Heinrich F. und den Karl F, beide von hier, im Gespräch zusammen stehen. Als ich auf etwa 50 Meter herangekommen war, verabschiedeten sie sich und hoben dabei mit geballter Faust die rechten Unterarme unter Abwinkelung an die Oberarme in Brusthöhe. Ich habe dies ganz bestimmt gesehen und ist jede Täuschung ausgeschlossen.

Arheilgen, 23. Oktober 1933
Heinrich F, Lackierer, geb. 1896 zu Arheilgen, verheiratet, wohnhaft daselbst, auf die ihm zur Last gewiesene Handlung hingewiesen, erklärt:
Es ist richtig, dass ich in den ersten Oktobertagen dieses Jahres, eines Mittags mit Karl F. zwischen den Baumen gegenüber der Wirtschaft Schmidt gesprochen habe. F. kam die Viehtrift entlang und ich wollte nach Hause, durch Zufall kamen wir an der genannten Stelle zusammen. Es ist aber ausgeschlossen, dass wir uns zum Abschied beim Auseinandergehen in der von B. geschilderten Art grüßten. Diesen, den früheren Gruß der Kommunisten, habe ich seit der nationalen Erhebung nicht mehr angewandt. Ich habe mich nach der Märzwahl umgestellt, bin der Sportvereinigung 04 beigetreten und hier im Spielmannszug als Trommler tätig. Mit den früheren Kommunisten, die mir meine Umschwenkung übel nahmen, verkehre ich nicht mehr. Dass ich mit F. zusammen kam, ist purer Zufall.

Arheilgen, 25. Oktober 1933
Karl F, Hilfsarbeiter, geb. 1881 zu Arheilgen, verheiratet, wohnhaft daselbst, auf die ihm zur Last gelegte Handlung hingewiesen, erklärt:
Es ist richtig, dass ich um die fragliche Zeit mit F. an der Baumreihe in Höhe der Wirtschaft Schmidt zusammen gestanden habe. Ich kam von meinem Acker am Messeler Weg und war auf dem Heimweg, dabei begegnete ich F., der auch auf dem Weg zu seiner Wohnung war.

Da F. einen Acker von mir gepachtet hatte, habe ich ihm bei dieser Gelegenheit gesagt, dass er den Acker zum Herbst freimache müsse, da ich ihn mit Korn einsäen will. Als wir uns trennten, hat F. den rechten Arm zum Deutschen Gruß erhoben, während ich gewohnheitsgemäß [an dieser Stelle befindet sich am Blattrand ein per Hand eingezeichnetes Ausrufezeichen; der Satz ist unterstrichen] die rechte Hand in die Hosentasche steckte. Den A.B. habe ich dabei nicht wahrgenommen.

Arheilgen, 16. November 1933
Vor der Bürgermeisterei Arheilgen erscheint auf Ladung:
1. Heinrich F, geb. 1896, wohnhaft zu Arheilgen.
2. Karl E, geboren 1881, wohnhaft zu Arheilgen
und erklären:

Wir wurden heute durch die Bürgermeisterei in Arheilgen nochmals verwarnt. Es wurde uns hierbei eröffnet, dass bei einem nochmaligen Antreffen unnachsichtlich Verweisung in das Lager Osthofen erfolgt. Trotzdem müssen wir beide entschieden bestreiten den fraglichen Gruß getan zu haben.

Aus: Lange, Thomas/Steffens, Gerd (Hg.): Der Nationalsozialismus. Band 1: Staatsterror und Volksgemeinschaft 1933-1939. Schwalbach/Ts. 2009, S. 61-62

1. Arbeite heraus, was der Gegenstand der Ermittlung ist.
2. Erkläre, was die Begebenheit in Arheiligen über die Auswirkung der NS-Herrschaft auf das Leben der Menschen aussagen kann.
3. Suche das Konzentrationslager Osthofen auf einer Karte und informiere dich über dessen Gründung und Entwicklung.

M1 Geheime Denkschrift Adolf Hitlers zur Wirtschaftspolitik, August 1936

Europa hat zur Zeit nur zwei dem Bolschewismus gegenüber als standfest anzusehende Staaten: Deutschland und Italien. Die anderen Länder sind entweder durch ihre demokratische Lebensform zersetzt, marxistisch infiziert und damit in absehbarer Zeit selbst dem Zusammenbruch verfallen oder von autoritären Regierungen beherrscht, deren einzige Stärke die militärischen Machtmittel sind, d.h. aber: Sie sind infolge der Notwendigkeit, die Existenz ihrer Führung den eigenen Völkern gegenüber durch die Brachialmittel der Exekutive zu sichern, unfähig, diese Brachialgewalt zur Erhaltung der Staaten nach außen anzusetzen. Alle diese Länder wären unfähig, jemals einen aussichtsvollen Krieg gegen Sowjetrussland zu führen. [...]

So wie die politische Bewegung in unserem Volk nur ein Ziel kennt, die Lebensbehauptung unseres Volkes und Reiches zu ermöglichen, d.h. alle geistigen und sonstigen Voraussetzungen für die Selbstbehauptung unseres Volkes sicherzustellen, so hat auch die Wirtschaft nur diesen Zweck. [...]

I. Ähnlich der militärischen und politischen Aufrüstung bzw. Mobilmachung unseres Volkes hat auch eine wirtschaftliche zu erfolgen und zwar im selben Tempo, mit der gleichen Entschlossenheit und wenn nötig auch mit der gleichen Rücksichtslosigkeit. [...]

II. Zu diesem Zwecke sind auf all den Gebieten, auf denen eine eigene Befriedigung durch deutsche Produktionen zu erreichen ist, Devisen einzusparen, um sie jenen Erfordernissen zuzulenken, die unter allen Umständen ihre Deckung nur durch Import erfahren können.

III. In diesem Sinne ist die deutsche Brennstofferzeugung nunmehr im schnellsten Tempo vorwärtszutreiben und binnen 18 Monaten zum restlosen Abschluss zu bringen. [...]

IV. Es ist ebenso augenscheinlich die Massenfabrikation von synthetischem Gummi zu organisieren und sicherzustellen. Die Behauptung, dass die Verfahren vielleicht noch nicht gänzlich geklärt wären, und ähnliche Ausflüchte haben von jetzt ab zu schweigen. [...]

V. Es ist weiter notwendig die deutsche Eisenproduktion auf das Außerordentlichste zu steigern. [...] Es ist weiter notwendig, ohne Rücksicht auf Kosten deutsche sonstige Erzförderung zu steigen und insbesondere die Erzeugung von Leichtmetall auf das Äußerste zu erhöhen, um damit einen Ersatzstoff für bestimmte andere Metalle zu finden. [...]

Die Erfüllung dieser Aufgaben in der Form eines Mehrjahresplans der Unabhängigmachung unserer nationalen Wirtschaft vom Ausland wird es aber auch erst ermöglichen, vom deutschen Volk auf wirtschaftlichem Gebiet und dem Gebiet der Ernährung Opfer zu verlangen. [...]

Ich stelle damit folgende Aufgabe:

I. Die deutsche Armee muss in vier Jahren einsatzfähig sein.

II. Die deutsche Wirtschaft muss in vier Jahren kriegsfähig sein.

Aus: Treue, Wilhelm: Hitlers Denkschrift über den Vierjahresplan 1936. In: Vierteljahreshefte für Zeitgeschichte 3, 1955, S. 204ff.

M2 Göring über Hitlers Denkschrift, 1936

Der Führer und Reichskanzler hat an den Herrn Generaloberst und den Herrn Reichskriegsminister eine Denkschrift gegeben, die die Generalanweisung für die Durchführung darstellt. Sie geht von dem Grundgedanken aus, dass die Auseinandersetzung mit Russland unvermeidbar ist. Was Russen im Aufbau geleistet haben, können wir auch leisten. Welches Risiko fürchtet die Wirtschaft im Vergleich zu dem außenpolitischen Risiko, das der Führer dauernd trägt? Über die Finanzierungsfrage wird der Führer eine Denkschrift folgen lassen. [...]

Durch das Genie des Führers sind in kürzester Zeit scheinbar unmögliche Dinge zur Wirklichkeit geworden [...] Alle Maßnahmen, die wir mit innerdeutschem Gelde durchführen können, sind möglich und durchzuführen. Durch sie müssen die Erfordernisse der Wirtschaft und Ernährung, die Devisen beanspruchen, in zweite Linie gedrängt werden. Alle Maßnahmen haben so zu erfolgen, als ob wir im Stadium der drohenden Kriegsgefahr uns befänden.

Michalka, Wolfgang (Hg.): Das Dritte Reich. Dokumente zur Innen- und Außenpolitik. Band 1: „Volksgemeinschaft" und Großmachtpolitik 1933-1939. München 1985, S. 191

M3 NS-Wirtschaft in Zahlen

Haushalts-jahr	Rüstungs-ausgaben in Mrd.	Volksein-kommen in Mrd.	Rüstungs-ausgaben in Prozent des Volksein-kommens
1932	0,6	45,6	1,3
1933	0,7	46,5	1,5
1934	4,1	52,8	7,8
1935	5,5	59,2	9,3
1936s	10,3	65,8	15,7
1937	11,0	73,8	15,0
1938	17,2	82,1	21,0

Rüstungsausgaben und Volkseinkommen 1932-1938

	1928	1936	1939
Eisenerz	2089	2259	3928
Hüttenaluminium	33	95	194
Buna (synthetischer Kautschuk)	0	1	22
Zellwolle	0	43	192
Flugbenzin	0	43	302
Sonstiges Motorbenzin	0	1214	1633

Produktion im Deutschenreich Reich (Gebietsstand 1937) in 1000 Tonnen

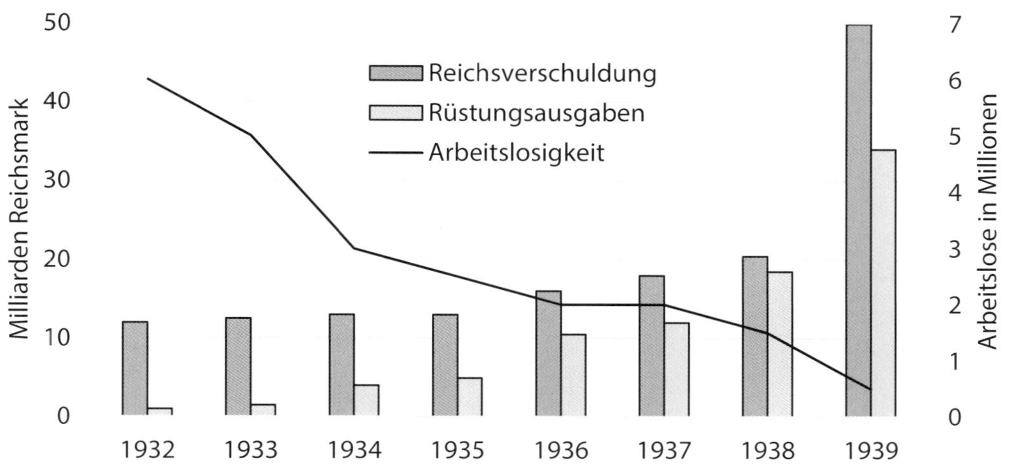

Reichsverschuldung, Rüstungsausgaben und Arbeitslosigkeit

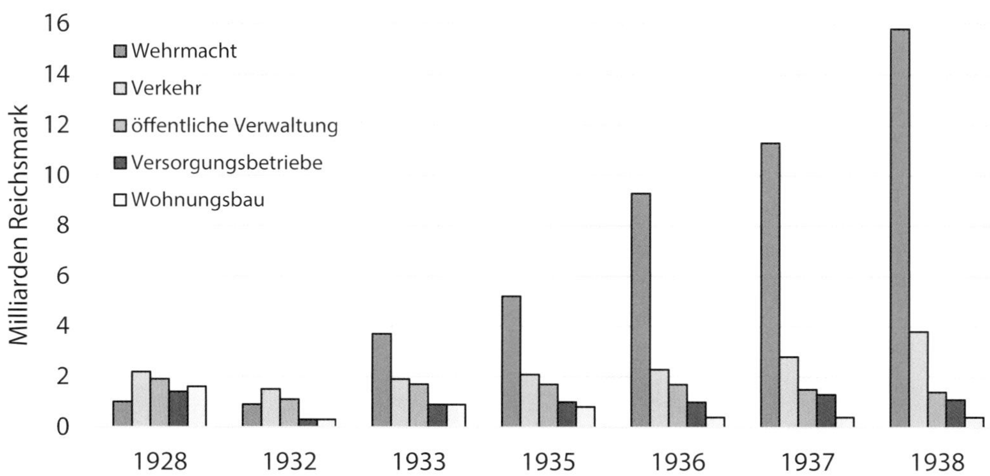

Staatsausgaben

M4 Fotomontage von John Heartfield, 19. Dezember 1935

AIZ (Arbeiter Illustrierte Zeitung), VG Bild-Kunst

1. Arbeite Hitlers Forderungen und deren Begründung aus der Quelle M1 heraus.
2. Ordne die Quelle in den historischen Kontext ein. Berücksichtige dabei die Aussagen Görings (M2).
3. Interpretiere die Statistiken (M3) und erläutere, inwiefern sich Hitlers Forderungen in der NS-Wirtschaftspolitik niederschlagen.
4. Interpretiere die Fotomontage (M4). Recherchiere dazu Hintergrundinformation zur Arbeiter Illustrierte Zeitung (AIZ).

M4 Die DAF als NS-Gewerkschaft

Aus dem Aufruf der Deutschen Arbeitsfront (die DAF war in der Zeit des Nationalsozialismus der Einheitsverband der Arbeitnehmer und Arbeitgeber) „An alle schaffenden Menschen" vom 27. November 1933:

Die Deutsche Arbeitsfront ist die Zusammenfassung aller im Arbeitsleben stehenden Menschen ohne Unterschied in ihrer wirtschaftlichen und sozialen Stellung. In ihr soll der Arbeiter neben dem Unternehmer stehen, nicht mehr getrennt durch Gruppen und Verbände, die der Wahrung besonderer wirtschaftlicher oder sozialer Schichtungen und Interessen dienen. Der Wert der Persönlichkeit, einerlei, ob Arbeiter oder Unternehmer, soll in der Deutschen Arbeitsfront den Ausschlag geben. Vertrauen lässt sich nur von Mensch zu Mensch, nicht aber von Verband zu Verband gewinnen. Nach dem Willen unseres Führers Adolf Hitler ist die Deutsche Arbeitsfront nicht die Stätte, wo die materiellen Fragen des täglichen Arbeitslebens entschieden, die natürlichen Unterschiede der Interessen der einzelnen Arbeitsmenschen aufeinander abgestimmt werden. Für die Regelung der Arbeitsbedingungen werden in kurzer Zeit Formen geschaffen werden, die dem Führer und der Gefolgschaft eines Betriebes die Stellung zuweisen, die die nationalsozialistische Weltanschauung vorschreibt. Das hohe Ziel der Arbeitsfront ist die Erziehung aller im Arbeitsleben stehenden Deutschen zum nationalsozialistischen Staat und zur nationalsozialistischen Gesinnung.

Aus: Blanke, Thomas u. a. (Hg.): Kollektives Arbeitsrecht. Quellentexte zur Geschichte des Arbeitsrechts in Deutschland. Band 2. Reinbek 1975, S. 44 f.

M5 Kritik an der DAF

Deutschlandberichte der Sopade (vom Exilvorstand der SPD organisierte Widerstandsgruppen) über die Gewinnung der Arbeiter durch Zwangsorganisation und soziale Bestechung, November 1935:

Der Zweck aller nationalsozialistischen Massenorganisationen ist der gleiche. Ob man an die Arbeitsfront denkt oder an Kraft durch Freude, an die Hitlerjugend oder an den Arbeitsdank, überall dienen die Organisationen dem gleichen Zweck: die „Volksgenossen" zu „erfassen" oder zu „betreuen", sie nicht sich selbst zu überlassen und sie möglichst überhaupt nicht zur Besinnung kommen zu lassen. Wie jemand sich durch leere Geschäftigkeit um jede Möglichkeit bringt, ernsthaft zu arbeiten, so entfalten die Nationalsozialisten überall eine übereifrige Betriebsamkeit mit der eingestandenen Absicht, keine wirklichen Gemeinsamkeiten, keinerlei freiwillige Zusammenschlüsse aufkommen zu lassen. Ley hat es erst kürzlich in aller Offenheit gestanden: der „Volksgenosse" soll kein Privatleben haben und erst recht soll er seinen privaten Kegelklub aufgeben. Dieses Organisationsmonopol geht darauf aus, den Mann im Volke völlig unselbständig zu machen, jede wie immer geartete Initiative zu den primitivsten freiwilligen Zusammenschlüssen in ihm zu ertöten, ihn von allen Gleichgesinnten oder auch nur Gleichgestimmten fernzuhalten, ihn zu isolieren und zugleich an die staatliche Organisation zu binden. Die Wirkung bleibt nicht aus. Gelegentlich kann man von Arbeitern oder Arbeiterinnen über Kraft durch Freude ein Wort der Anerkennung hören mit dem Zusatz: früher hat sich niemand um uns gekümmert! [...] Das Wesen faschistischer Massenbeherrschung ist Zwangsorganisierung auf der einen, Atomisierung auf der anderen Seite.

Die Nationalsozialisten wissen sehr gut, daß das Solidaritätsgefühl die Kraftquelle der Arbeiterschaft ist, und infolgedessen gehen alle ihre Maßnahmen für oder gegen die Arbeiter darauf aus, das Gefühl für die Notwendigkeit solidarischen Handelns zu ertöten. Alle Verschlechterungen, die sie den Arbeitern bei den Löhnen, den Steuern, in der Sozialversicherung aufzwingen, werden so eingerichtet, daß sie niemals große Gruppen gleichmäßig treffen. Sonst könnten vielleicht allgemeine Verschlechterungen allgemeine Abwehrbewegungen hervorrufen. Diese Politik der Nationalsozialisten hat bedenkliche Erfolge gezeitigt, nicht zuletzt deshalb, weil die Zerstörung des Solidaritätsgefühls schon in der Wirtschaftskrise begonnen hat. [...]

Michalka, Wolfgang (Hg.): Das Dritte Reich. Dokumente zur Innen- und Außenpolitik. Band 1: „Volksgemeinschaft" und Großmachtpolitik 1933-1939. München 1985, S. 95 f.

1. Erläutere Motive, Ziele und Vorgehensweise, die mit der Gründung der DAF zusammenhängen (M4).
2. Arbeite die Kritik der Sopade an der DAF aus der Quelle M5 heraus.
3. Beurteile, inwiefern die Gründung der DAF ein Einschnitt im Arbeitsleben der Beschäftigten war.

M1 Das NS-Rechtsverständnis

Der Staatsrechtler Carl Schmitt (1888-1985) schrieb 1934 über das Verhältnis zwischen Führer und Recht:

Der Führer schützt das Recht vor dem schlimmsten Mißbrauch, wenn er im Augenblick der Gefahr kraft seines Führertums als oberster Gerichtsherr unmittelbar Recht schafft [...] Der wahre Führer ist immer auch Richter. Aus dem Führertum fließt das Richtertum. Wer beides voneinander trennen oder gar entgegensetzen will, macht den Richter entweder zum Gegenführer oder zum Werkzeug eines Gegenführers und sucht den Staat mit Hilfe der Justiz aus den Angeln zu heben [...] In Wahrheit war die Tat des Führers echte Gerichtsbarkeit. Sie untersteht nicht der Justiz, sondern war selbst höchste Justiz. Das Richtertum des Führers entspringt derselben Rechtsquelle, der alles Recht jedes Volkes entspringt. In der höchsten Not bewahrt sich das höchste Recht und erscheint der Grad richterlich rächender Verwirklichung des Rechts. Alles Recht stammt aus dem Lebensrecht des Volkes [...].

Aus: Michalka, Wolfgang (Hg.): Das Dritte Reich. Dokumente zur Innen- und Außenpolitik. Band 1: „Volksgemeinschaft" und Großmachtpolitik 1933-1939. München 1985, S. 54-55

M2 Nationalsozialistische Richter

Aus den Leitsätzen des „Reichsrechtsführers" (1936), Hans Frank (1900-1946), zum Richteramt im NS-Staat:

1. Der Richter ist nicht als Hoheitsträger des Staates über den Staatsbürger gesetzt, sondern er steht als Glied in der lebenden Gemeinschaft des deutschen Volkes. Es ist nicht seine Aufgabe, einer über der Volksgemeinschaft stehenden Rechtsordnung zur Anwendung zu verhelfen oder allgemeine Wertvorstellungen durchzusetzen, vielmehr hat er die konkrete völkische Gemeinschaftsordnung zu wahren, Schädlinge auszumerzen, gemeinschaftswidriges Verhalten zu ahnden und Streit unter Gemeinschaftsmitgliedern zu schlichten.
2. Grundlage der Auslegung aller Rechtsquellen ist die nationalsozialistische Weltanschauung, wie sie insbesondere in dem Parteiprogramm und den Äußerungen unseres Führers ihren Ausdruck findet.
3. Gegenüber Führerentscheidungen, die in die Form eines Gesetzes oder einer Verordnung gekleidet sind, steht dem Richter kein Prüfungsrecht zu. Auch an sonstige Entscheidungen des Führers ist der Richter gebunden, sofern in ihnen der Wille, Recht zu setzen, unzweideutig zum Ausdruck kommt.
4. Zur Erfüllung seiner Aufgaben in der Volksgemeinschaft muß der Richter unabhängig sein. Er ist nicht an Weisungen gebunden. Unabhängigkeit und Würde des Richters machen geeignete Sicherungen gegen Beeinflussungsversuche und ungerechtfertigte Angriffe erforderlich.

Aus: Michalka, Wolfgang (Hg.): Das Dritte Reich. Dokumente zur Innen- und Außenpolitik. Band 1: „Volksgemeinschaft" und Großmachtpolitik 1933-1939. München 1985, S. 62-63

1. Arbeite aus den Quellen von Schmitt und Frank (M1, M2) das Rechtsverständnis im Nationalsozialismus heraus.
2. Analysiere, worin die Kritik von Otto Kirchheimer (M3) besteht.
3. Bewerte die beiden Quellen vor dem Hintergrund unseres heutigen Rechtsverständnisses.

M3 Kritik am NS-Rechtsverständnis

Der emigrierte Rechtswissenschaftler Otto Kirchheimer (1905-1965) sprach in einer Vorlesung an der Columbia University 1941 kritisch über die Bedeutung des Rechts im NS-Staat:

Rationalität heißt hier nicht, dass es allgemein anwendbare Normen gibt, deren Konsequenzen von den Betroffenen berechnet werden können. Sie bedeutet in diesem Zusammenhang lediglich, dass der ganze Apparat von Recht und Rechtsdurchsetzung ausschließlich den Herrschenden zu Diensten steht. Da es keine allgemeinverbindlichen Rechtsgrundsätze gibt, auf die sich Herrschende und Beherrschte gleichermaßen berufen und die so die Willkür der Verwaltungspraxis beschränken könnten, dienen Normen nur noch den spezifischen Zwecken der Machthaber. [...]

Unter dem neuen System kann eine Rechtsnorm nur rein provisorischen Charakter haben; es muss möglich sein, sie ohne Aufsehen zu ändern, wenn erforderlich sogar rückwirkend. Das Dritte Reich, in dem der Führer eine unbeschränkte Gesetzgebungs- und Verordnungskompetenz besitzt und diese großzügig an seine Gefolgsleute delegiert, eröffnet dafür zahlreiche Wege. Neben dieser legislativen Allmacht und Delegationsmacht besteht auch eine grenzenlose Bereitwilligkeit, jeglichen Anspruch auf logische Kohärenz [Stimmigkeit, Zusammenhang] aufzugeben. Aus jeder Situation muss maximaler Nutzen gezogen werden [...].

Aus: Lange, Thomas/Steffens, Gerd: Der Nationalsozialismus. Band 1: Staatsterror und Volksgemeinschaft 1933-1939. Schwalbach/Ts. 2009, S. 66-67

M4 NS-Rechtsprechung

Auszug aus einem Urteil des Amtsgerichts Wetzlar zur Eheschließung zwischen Ariern und Juden vom 17. Juni 1935:

Der Antragsteller, der nach seinen eigenen Angaben deutschen Blutes ist, unterhält seit dem Jahre 1930 ein Liebesverhältnis mit der Jüdin M. und hat ihr die Ehe versprochen. Am 26. Mai 1935 beantragte er bei dem für seinen Wohnsitz zuständigen Standesamt unter Vorlage der erforderlichen Standesurkunden das Aufgebot zur Eheschließung zwischen ihm und der M. Der Standesbeamte lehnte den Erlaß des beantragten Aufgebotes ab mit der Begr.[ündung] zur Eheschließung zwischen einem deutschblütigen Manne und einer Jüdin könne er als Nationalsozialist keine Amtshilfe leisten. Der Antragsteller beruft sich darauf, daß die Weigerung des Standesbeamten in den bestehenden gesetzlichen Best.[immungen] keine Grundlage finde, und hat beantragt, den Standesbeamten anzuweisen, das begehrte Aufgebot zu erlassen. Es ist richtig, daß die bestehenden gesetzlichen Best. die Eheschließung zwischen einem deutschblütigen Manne und einer Jüdin nicht verbieten. Dieser formalgesetzliche Zustand vermag aber den Antrag des Antragstellers nicht zu stützen.

Mit der Machtübernahme durch den Nationalsozialismus in Deutschland sind die Grundlagen der nationalsozialistischen Weltanschauung zugleich die Grundlagen für den völkisch-staatlichen Neuaufbau des deutschen Reiches geworden. Dieser wird durchgeführt und im Tiefsten getragen aus der Erkenntnis der unlöslichen naturgesetzlichen Einheit von Rasse, Seele und Recht. Die Wiederbefreiung des deutschen Menschen von allen schädigenden Einflüssen artfremder Rassen, die Wiedererstarkung der deutschen Seele und ihre Reinerhaltung für alle Zukunft ist hierbei das unverrückbare höchste Ziel. In dieser völkisch gerichteten Grundhaltung wurzelt das Rechtsdenken und die Rechtsfindung im neuen Deutschland ebenso wie das gesamte bereits vor.[liegende] Gesetzgebungswerk des Dritten Reiches.

Aus: Mommsen, Hans/Willems, Susanne: Herrschaftsalltag im Dritten Reich. Studien und Texte. Düsseldorf 1988, S. 357-358

1. Analysiere, inwiefern das nationalsozialistische Rechtsverständnis in dem Urteil zur Eheschließung (M4) zum Ausdruck kommt.
2. Bewerte die Rolle des Standesbeamten in diesem Falle und beurteile, welche Schlussfolgerungen der konkrete Fall über das Funktionieren des NS-Herrschaftssystems zulässt.
3. Informiere dich, wie die Nürnberger Rassegesetze vom September 1935 die bis dahin bestehende Gesetzgebung veränderten und welche Rolle Carl Schmitt in diesem Zusammenhang hatte.

M1 Das nationalsozialistische Verständnis von Kunst

Am 8. Mai 1933 schrieb Joseph Goebbels (1897-1945), Reichsminister für Volksaufklärung und Propaganda sowie Präsident der Reichskulturkammer, über die Bedeutung der Kunst für den „revolutionären Prozeß":

Wenn der Mensch [...] seine zentrale Stellung im öffentlichen Leben verliert und an seine Stelle die Gemeinsamkeit und das Volk tritt, dann wird die Kunst an diesem historischen Phänomen nicht vorübergehen können. Sie wird diese Gemeinschaft zum Ausdruck bringen müssen [...] die Tendenz muss sich mit der Kunst vermählen [...]. Wir wollen die Kunst wieder zum Volke führen, um das Volk wieder zur Kunst führen zu können. Das eine ist ohne das andere nicht denkbar. [...] Wenn die Politik alles erschüttert und umwirft, alles neu baut, wenn nichts von ihr verschont bleibt, dann darf der Künstler nicht mitgehen noch hinterherlaufen, er muß die Fahne erfassen und voranschreiten [...]. Eine Kunst wird um so größeren internationalen Rang besitzen, je tiefer sie aus dem Volkstum steigt [...]. Kunst und Volksboden sind nicht voneinander zu trennen. Beide sind eine Einheit. [...] Wenn die Kunst von denselben eruptiven Werten gespeist wird, wie heute die deutsche Politik, wenn sie einmal die Massen in Bewegung setzt, dann werden Sie an Ihrer Kunst wieder dieselbe Freude gewinnen, die wir an unserer Politischen Kunst haben, eine Kunst, die wir mit Demut, aber auch mit Stolz ausführen als Dienst an einer Gemeinschaft, deren Teil wir sind.

Aus: Michalka, Wolfgang (Hg.): Das Dritte Reich. Dokumente zur Innen- und Außenpolitik. Band 1: „Volksgemeinschaft" und Großmachtpolitik 1933-1939. München 1985, S. 125

M2 Hitler über moderne Kunst

In seiner Rede zur Eröffnung des „Hauses der Deutschen Kunst" 1937 in München formulierte Adolf Hitler die Ziele nationalsozialistischer Kunst und wandte sich zugleich gegen Vertreter der modernen Kunst:

Bis zum Machtantritt des Nationalsozialismus hat es in Deutschland eine sogenannte „moderne" Kunst gegeben, d. h. also, wie es schon im Wesen dieses Wortes liegt, fast jedes Jahr eine andere. Das nationalsozialistische Deutschland aber will wieder eine „deutsche Kunst", und diese soll und wird, wie alle schöpferischen Werte eines Volkes eine ewige sein. [...] Denn in der Zeit liegt keine Kunst begründet, sondern nur in den Völkern. Es hat daher auch der Künstler nicht so sehr einer Zeit ein Denkmal zu setzen, sondern seinem Volke. [...]

Außerdem ist es entweder eine unverfrorene Frechheit oder eine schwer begreifliche Dummheit, ausgerechnet unserer heutigen Zeit Werke vorzusetzen, die vielleicht vor zehn- oder zwanzigtausend Jahren von einem Steinzeitler hätten gemacht werden können. Sie reden von einer Primitivität der Kunst, und sie vergessen dabei ganz, daß es nicht die Aufgabe der Kunst ist, sich von der Entwicklung eines Volkes nach rückwärts zu entfernen, sondern daß es nur ihre Aufgabe sein kann, diese lebendige Entwicklung zu symbolisieren. Die heutige Zeit arbeitet an einem neuen Menschentyp. Ungeheure Anstrengungen werden auf unzähligen Gebieten des Lebens vollbracht, um das Volk zu heben, um unsere Männer, Knaben und Jünglinge, die Mädchen und Frauen gesünder und damit kraftvoller und schöner zu gestalten. [...] Ein leuchtend schöner Menschentyp wächst heran [...]. Diesen Menschentyp, den wir erst im vergangenen Jahre in den Olympischen Spielen in seiner strahlenden, stolzen, körperlichen Kraft und Gesundheit vor der ganzen Welt in Erscheinung treten sahen, dieser Menschentyp, meine Herren prähistorische Kunststotterer, ist der Typ der neuen Zeit, und was fabrizieren Sie? Mißgestaltete Krüppel und Kretins, Frauen, die nur abscheuerregend wirken können, Männer, die Tieren näher sind als Menschen, Kinder, die, wenn sie leben würden, geradezu als Fluch Gottes empfunden werden müßten!

Aus: Mosse, George L.: Der nationalsozialistische Alltag. So lebte man unter Hitler. Königstein/Ts. 1978, S. 35-42

1. Arbeite aus den beiden Quellen M1 und M2 heraus, welche Funktion die Kunst im Nationalsozialismus erfüllen sollte.
2. Diskutiert in der Klasse, welche Bedeutung Kunst für den Menschen und die Gesellschaft in der Gegenwart hat, und nehmt Stellung zum nationalsozialistischen Verständnis von Kunst, wie es in den Quellen zum Ausdruck kommt.

M3 Rudolf Otto (1887-1962): „Bauernfamilie", vor 1944

M4 Karl Schwesig (1898-1955): „Schlegelkeller", 1935

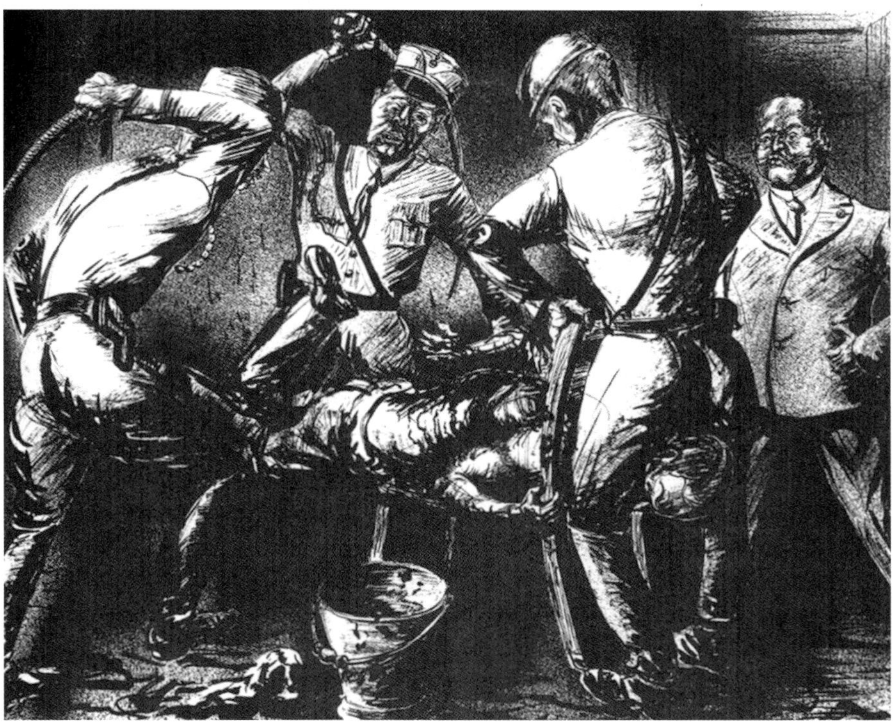

1. Interpretiere das Bild von Rudolf Otto (M3).
2. Beurteile, welche Absicht der Maler mit dem Bild verbindet bzw. was er dem Betrachter vermitteln möchte.
3. Erläutere unter Rückgriff auf dein Vorwissen zur NS-Ideologie und die beiden Quellen, warum es sich um ein typisches Beispiel für NS-Kunst handelt.
4. Interpretiere das Bild von Karl Schwesig (M4).
5. Vergleiche die beiden Bilder und erläutere, warum Schwesigs Bild im Nationalsozialismus verboten wurde.
6. Beurteile, ob es sich in beiden Fällen um „politische Kunst" handelt.

Auswahlbibliographie

Literatur

Bajohr, Frank: Vom Herrschaftssystem zur Volksgemeinschaft. Der lange Weg zu einer Gesellschaftsgeschichte des Nationalsozialismus. In: Danker Uwe/Schwabe, Astrid (Hg.): Die NS-Volksgemeinschaft. Zeitgenössische Verheißung, analytisches Konzept und ein Schlüssel zum historischen Lernen? Göttingen 2017, S. 23-36

Benz, Wolfgang: Geschichte des Dritten Reiches. München 2000

Evans, Richard J.: Das Dritte Reich. Diktatur. München 2006

Frei, Norbert: 1945 und wir. Das Dritte Reich im Bewusstsein der Deutschen. München 2005

Frei, Norbert: Der Führerstaat. Nationalsozialistische Herrschaft 1933 bis 1945. München [6]2001

Föllmer, Moritz: „Ein Leben wie im Traum". Kultur im Dritten Reich. München 2016

Herbert, Ulrich: Das Dritte Reich. Geschichte einer Diktatur. München 2016

Kershaw, Ian: Der Hitler-Mythos. Führerkult und Volksmeinung. München 2002

Kershaw, Ian: „Volksgemeinschaft". Potential und Grenzen eines Forschungskonzepts. In: VfZ 59 (2011), S. 1-17

Kershaw, Ian (Hg.): Der NS-Staat. Geschichtsinterpretationen und Kontroversen im Überblick. Reinbek 1999

Schanetzky, Tim: „Kanonen statt Butter". Wirtschaft und Konsum im Dritten Reich. München 2015

Süß, Dietmar: „Ein Volk, ein Reich, ein Führer". Die deutsche Gesellschaft im Dritten Reich. München 2017

Tooze, Adam: Ökonomie der Zerstörung. Die Geschichte der Wirtschaft im Nationalsozialismus. Berlin 2007

Fachdidaktische Literatur, Quellenbände und Unterrichtsmaterialien

Barth, Steffen (Hg.): Gesellschaft im Nationalsozialismus. Zwischen Vereinnahmung und Ausgrenzung. Schwalbach/Ts. 2017

Barth, Steffen: Leben in der Volksgemeinschaft. Die deutsche Gesellschaft im Nationalsozialismus. In: Geschichte lernen H. 180 (2017), S. 2-9

Bergmann, Klaus/Schneider, Gerhard (Hg.): Alltag im Nationalsozialismus (1933-1939). Stuttgart 1986

Danker, Uwe/Schwabe, Astrid (Hg.): Die NS-Volksgemeinschaft. Zeitgenössische Verheißung, analytisches Konzept und ein Schlüssel zum historischen Lernen? Göttingen 2017

Elz, Wolfgang/Erbar, Ralph (Hg.): „Ihr seid das Deutschland der Zukunft". Schule im frühen Nationalsozialismus (1934-1936) am Beispiel des Mainzer Adam-Karrillon-Gymnasiums. Edition eines Klassentagebuches und Anregungen zur unterrichtspraktischen Umsetzung. Bad Kreznach 2008 (PZ-Information 7/2008)

Heuer, Christian/Pandel, Hans-Jürgen/Schneider, Gerhard (Hg.): Der Nationalsozialismus. Aufstieg und Gleichschaltung. Berlin 2010

Heuer, Christian/Pandel, Hans-Jürgen/Schneider, Gerhard (Hg.): Der Nationalsozialismus. Krieg und Befreiung. Berlin 2010

Heuer, Christian/Pandel, Hans-Jürgen/Schneider, Gerhard (Hg.): Der Nationalsozialismus. Ausgrenzung und Vernichtung. Berlin 2010 (

Hey, Bernd/Pohl, Karl Heinrich/Radkau, Joachim (Hg.): Weimarer Republik und Nationalsozialismus (Historisch-Politische Weltkunde). Stuttgart 2010

Lange, Thomas/Steffens, Gerd (Hg.): Der Nationalsozialismus. Band 1: Staatsterror und Volksgemeinschaft. Schwalbach/Ts. 2009

Michalka, Wolfgang (Hg.): Deutsche Geschichte 1933-1945. Dokumente zur Innen- und Außenpolitik. Frankfurt/M. 2002

Rathenow, Hanns-Fred/Wenzel, Birgit/Weber, Norbert H. (Hg.): Handbuch Nationalsozialismus und Holocaust. Historisch-politisches Lernen in Schule, außerschulischer Bildung und Lehrerbildung. Schwalbach/Ts. 2013